JN418784

# Park Ho-young

시인 박호영

# 그대 아직 사랑할 수 있으리

시인 박호영/ 朴好泳

1949년 서울에서 태어났으며, 서울대학교 사범대학 국어교육과를 거쳐 서울대학교 대학원 국문학과를 졸업했다. 1979년 「근대민요시의 위상」으로 〈조선일보〉 신춘문예 평론 부문에 당선, 2002년 『시와시학』에 「만어사」 외 4편의 시가 조병화 시인의 추천으로 당선되어 시인으로 등단했다.

저서로는 시집 『오두막집에 램프를 켜고』, 평론집 『몽상 속의 산책을 위한 시학』 『무명화를 위한 변명』이 있고, 그 외에 『현대시 속의 문화풍경』 『시를 찾아 떠나는 여행』 『서정주』 등이 있다. 현재 한성대학교 한국어문학부 교수로 재직 중이다.

E-mail : bakhoy@hanmail.net

그대 아직 사랑할 수 있으리

지은이 | 박호영
펴낸이 | 설보혜
펴낸곳 | Poetics 시학
1판1쇄 | 2010년 5월 31일
출판등록 | 2003년 4월 3일
주소 | 서울 종로구 명륜동1가 42
전화 | 744-0110
FAX | 3672-2674

값 10,000원

ISBN 978-89-91914-92-6 03810

* 저자와의 협의에 의해 인지를 생략합니다.
* 잘못된 책은 바꾸어 드립니다.

박호영 시집

# 그대 아직 사랑할 수 있으리

Poetics 시학

■ 시인의 말

두 번째 시집을 낸다. 수록된 시들이 실제로는 작년에 다 완성된 것들이니 2005년 첫 시집 이후 4년 만에 엮는 시집이다. 이제 지닌 것들을 하나둘 내려놓을 나이에 또 하나의 집착을 보이는 게 아닌 지 모르겠다. 방하착의 경지에 듦이 정말 어려운 것 같다. 그러나 어쩌랴. 시 한 편 한 편의 완성이 내게는 무엇보다 큰 희열이요, 고황인 것을. 다음 시집이 좀 더 깊이 있는 시들로 채워지기만을 스스로 소망한다.

이번 시집의 해설은 사십 년 동안 우정을 쌓아 온 외우 전영태 평론가가 맡아 해 주었다. 나의 삶을 속속들이 알기에 글도 명쾌하기 그지없다. 고마울 뿐이다. 이 시집을 작년에 깊은 신앙 속에서 의연하게 삶을 마친 내 동생에게 바친다.

2010년 5월

박호영

# 차 례

## 제2부

## 제3부

## 제4부

# 제1부

# 봄이 오는 듯 가고

봄이 와도
오는 듯 가는 봄인데
꾀꼬리면 어떻고
종달새면 어떠한지요
매화 좋으면
복사꽃도 좋은 것 아닌가요
만행 중에 만난 봄길
그저 무심히 다닐 뿐
차별 두지 말라는
법전 스님의 말씀이
이 화사한 봄날에
바람 따라 귓가에 들립니다

## 조응照應

하늘이 비어 있기에
해 뜨고 달이 지고
구름 몇 점 허공에 걸려 있다.

저 거센 파도도
무한한 바다 아니면
가능키나 한 것이랴.

홍진을 떠난 고요
깊고도 넉넉하여
나 오늘
두두물물 마중하네.

# 무상無常

미황사 뒤란의 동백이 피었는지
오래전 남녘으로 간 친구가
도시의 무지렁이 내게
오라는 소식을 전해 왔다.
며칠 후 여장을 차리고
길을 나서는데
동백이 졌노라는
또 다른 소식이 닿는다.

# 정야靜夜

산사의 종소리가
개울 위에 드러눕는다.

붉은 달이 하늘에서 내려와
화인火印을 찍는다.

소리 떠나보낸 종메가
그제야 잠이 든다.

# 청허경포晴虛鏡浦

어제는 비 내리는 어둠이더니
날이 밝자 파도의 허연 목울대도 사라지고
무한한 고요가 바다에 누웠다.

바다는 하늘에 떠 있는
온갖 형상의 구름들을
어느 것 하나 마다하지 않고
그의 푸른 자궁 속에 들어앉혔다.

저렇듯 차별 없는 마음이라면
거두지 못할 이 세상 슬픔 어디 있으랴.

바다 위에 무리 진 갈매기 떼
해인海印을 꿈꾸며 날고 있다.

## 혜가慧可*에 대한 공상

중생을 구할 가르침을 얻으려면
붉은 눈을 내리게 하라는
달마의 주문에
서슴없이 자신의 한쪽 팔을 자른 혜가.
피 흘려 주위의 눈밭이 온통 붉어졌으니
붉은 눈 내린 것 아니고 무엇이랴.
그 이후 아무래도 이상한 것은
그 팔이 없어지지 않았으니
세상 돌부리에 걸려 넘어진 자들을
혜가가 일으키려 할 때마다
잘려 나간 팔은 그의 몸 그 자리로
되돌아와 멀쩡한 팔이 되어
능숙한 솜씨로 그를 도와주는 것이었다.

* 중국 스님. 선종 제2조. 40세에 달마를 찾아가 눈 속에 앉아 가르침을 구하고, 마침내 자신의 왼팔을 끊어 허락을 받아 내고 크게 깨달음.

# 어느 화제畵題 · 2
— '허공'

'허공' 을 그려 내라는
스승의 지시에
한 제자는 아무것도 그리지 않은
흰 화지를 그냥 냈고
다른 제자는 구름과 달이 떠 있는
하늘을 그려 냈다
스승은 구름과 달의 그림을 보며
고개를 끄덕였다

# 해맞이 풍경

새해 해돋이 인파로
북적한 경포 바닷가
구름에 가려 해는 보이지 않고
사람들 실망하며
발길을 돌리는데
엄마 따라 나온 아이 하나
백사장에 주저앉아 막대기로
커다란 원을 그리며
웃고 있다

# 반야봉을 보다

산을 오르는 사이
만상萬象이 눈에 보이다 사라졌다
만뢰萬籟가 귀를 스쳐 지나갔다

나의 눈과 귀를 어지럽히며
발길 멈칫하게 했던 것들
모두 어디로 떠났는가
내 안에 머무는 것 아무것도 없다

아직도 넘어야 할 능선들이 있어
종주를 계속해야 하는데
는개가 시야를 가리고 있다

다시는 그들에게 매달리지 않으리라
다짐하며 아무 미련 없이
새로운 산행을 시작한다
까마득하던 반야봉이 얼핏 보인다

## 무아경無我境

밤이 되니 어느새
달이 호수에 들어앉았다.
호수는 그의 자리 한편을 내주고
매무새를 고친다.
서로의 외로움을
덜어 내는 공존.
하늘과 땅의 이야기가
그들 사이에 오고 간다.
소란스럽지 않고
아름다울 뿐이다.
그들이 있기에
밤이 더욱 깊고 그윽하다.
날이 밝아지려 하니
사람들의 기척 소리가 들린다.
달이 슬그머니 호수를 빠져나간다.
호수는 모르는 채 눈을 감는다.

# 인왕제색도*

비 그치니
인왕의 바위
그윽이 맑은 얼굴이다.

기와집 한 채 둘러싼
십여 그루 소나무들
모두 정정하다.

병든 벗이여, 건강하시게
저 나무들처럼.

염려하는 자의 애틋함이
안개로 퍼져 올라
골짜기에 가득 차 있다.

---

* 겸재 정선이 오랜 친구인 사천 이병연의 병이 쾌유되기를 빌며 그린 진경산수도.

## 산중신곡 · 1

계곡물 흐르는 소리에
구름도 몸을 낮춰 산을 내려오고

어느 틈에 있었는가
갑작스런 산벚꽃, 매화는
앞 다투어 피고 진다

잠시만의 개화 뒤에
이내 꽃비 되어 흩날리는 저 희열을
짐작할 이 있을까

무단역무장無短亦無長
유구한 광음에 짧을 것도 없고
길 것도 없는 삶이거늘

사람 사는 아랫마을에
검은 구름 몰려간다

## 산중신곡 · 2

남녘 소문으로는
철 이른 매화 터진다는데

저 산 한편에
때 아닌 눈발 흩날린다

봄인가 겨울인가
사람들 마음의 갈피도 어수선하다

겨울을 거두어들이시게나
문득 들리는 소리

동안거 끝낸 노승이
바랑 짊어지고 산을 넘는다

# 산중신곡 · 5

물은
물의 길을 찾아
흘러 흘러 내려가고

구름은
구름의 마음대로
흩어지고 모여든다.

누가 붙잡아 두겠는가
물과 구름의
구애 없음을.

산을 찾았던
누항의 흔적만이
어지럽게 남아 있다.

## 산중신곡 · 6

산을 찾으면 산이 되는가
속중의 무턱 댄 입산

진애塵埃의 무거움이
산을 누르고

별들 고요히 내려와
하늘의 손길로 맑게 씻기니

산은 그제야
기운을 차려 일어선다.

# 제2부

# 블랙*

블랙은 캄캄한 세상이 아니다
아무것도 못 본다는 것이 아니다
광명의 무한한 가능성이다
보이는 세상 곳곳이
오히려 블랙홀이다

보이지 않고 들리지 않는 이도
보고 들을 수 있다
블랙을 벗어날 수 있다
진심에서 우러나오는
누군가의
사랑이 있다면
희생이 있다면

* 산제이 반살리Sanjay Bhansali 감독의 인도 영화. 두 살 때부터 보지도 듣지도 못하는 미셸을 사하이 선생이 눈물겨운 희생을 하여 사회적인 한 인간으로 성장케 하며, 노인이 된 사하이 선생이 알츠하이머병에 걸리자 이번에는 거꾸로 미셸이 정성을 기울여 사하이 선생의 기억을 떠올리게 한다.

# 사랑이라는 것

그대와 나의 사랑을 위해선
저 화원에 활짝 핀
장미꽃이면 되리
화려한 열정으로 숨 쉬는
장미꽃 한 송이면 되리

그대와 나의 사랑을 위해선
장미꽃 한 송이조차
아니어도 좋으리
들녘에 이슬 머금고 있는
한 이파리 풀이면 되리

이 세상 어느 것들이
우리의 사랑을 대신할 수 있으리
아무리 값진 보석도
잠시 눈을 현혹할 뿐
영원할 수 없느니

그대와 나의 사랑을 위해선
아무것도 없어도 되리
오직 우리의 가슴을 오가는
맑은 웃음이면 되리
순수한 눈물이면 되리

## 꽃과 별의 마을

우리가 꽃을 사랑하는 것은
꽃의 아름다움을
가슴속에 들여놓기 위함이다
짧은 삶일지라도
아름답게 피고 지는
꽃의 적멸을 따라가기 위함이다

우리가 별을 바라보는 것은
별의 찬란함을
영혼의 갈피 속에 채우기 위함이다
차가운 고독 속에 있을지라도
주위의 어두움을 밝히는
별의 화엄을 본받기 위함이다

꽃처럼 살다가 별이 되어 돌아가는
사람들의 마을을 꿈꾼다
아득한 꿈일지라도

# 흐르지 않는 강

당신의 슬픔을
나의 가슴으로 읽어 내지 못합니다

나의 외로움을
당신의 눈물로 씻어 내지 못합니다

언제부터일까요
우리는 아는 사이지만
정말 알 수 없는 타인입니다

우리 사이에 흐르던 강은
더 이상 흐르고 있지 않습니다

더욱 마음 아픈 것은
강이 있었음을
우리가 모르는 것입니다

# 그리움

그대 갔어도
항상 그대와 함께합니다

그대의 말
아직 내 귀에 맴돕니다

보이지 않아도
눈에 선하고

들리지 않아도
엿듣고 있습니다

그리움이라고 해야 할까요

# 행복

살날이 얼마 남지 않은
간암 말기 한 여인이
그녀를 위해 음식을 차리는 남편에게
하늘 한 스푼 바람 두 스푼을
찌개 그릇에 넣으라고 한다
남편은 알았다고 고개를 끄덕이고
살짝 그릇 뚜껑을 열고
하늘도 넣고 바람도 넣는
시늉을 하며 그녀를 쳐다본다
둘은 서로 환한 웃음을 짓는다
저 웃음이면
정말 하늘과 바람이
두 사람의 식탁 위에 오를 것 같다
우리는 감히 어쩌지도 못하는
하늘과 바람을
그들은 마음대로 불러들이고 있다

# 헌화가

우리의 마음과 마음이
서로 닿지 못해

그 사이 천길 만길
낭떠러지가 생겼다.

그 중턱에 신기하게 핀
한 송이 꽃.

세상 물정 모르는 노인이
힘겹게 올라
그 꽃 꺾어 주고 간다.

## 심화요탑
— 지귀志鬼의 사랑

고운 님 멀리서나마
볼 수 있다면
법도를 어긴 죽음쯤이야
눈 꿈쩍 않지.

깜빡 잠든 사이
정표로 던져 주신 팔찌는
황공하온 님의 보시

가슴에 품으니
더욱 뜨거워져
불이 되고,

제 몸 태워도
사랑은 놓을 수 없어
팔찌를 가슴 속에 꼭 안고

사랑이 무언지를 아는

비천한 사내
기꺼이 자기 몸을
불살랐다.

# 그대 생각

지름길이 생겼다고
그대와 나의 거리가
가까워진 것은 아니다.

아무리 가까워도
마음이 닿지 못하면
길은 아득히 멀고

마음이 닿으면
천리 만리의 길이라도
지척인 법.

오늘 이렇게 비 내리니
멀리 있는 그대가
문득 가깝게 다가온다.

# 가난한 친구를 찾아서

오랫동안 외로웠구나
바람조차 머물지 않았던
너의 초막이
나의 가만한 기척으로
흔들리는 것을 보면

문도 없이 항상 열린
너의 집을
나는 왜 들르지 않았던 것일까
네가 지고 있는 삶의 등짐
그 무거움을
나는 왜 잠시라도
헤아리지 못한 것일까

조금만 손을 잡아 주었다면
조금만 따뜻한 눈길을 보내 주었다면
저 강둑에 매인 빈 배처럼
홀로 속절없이

밀려오는 삶의 물결에
시달릴 일은 아니었거늘

나 이제라도
쓰러져 가는 그대 초막을 들어서면
그동안 돌보지 못한
무심한 나를
그대 너그러이 받아 줄 수 있을까

## 해갈解渴

오랜 가뭄 끝에 비가 내린다.
뜰 앞 연못이 침묵을 벗고
옹알이 소리를 낸다.

너른 연잎에 가부좌 틀고 있던
개구리 한 마리는
건너편으로 자리를 옮겨
또 다른 풍경을 만든다.
그 변화만큼 연잎이 흔들리고 있다.

비 내리는 속에서
비로소 물기 젖은 것들이
아름다운 내통을 한다.
모든 것들이 젖어 있기에
부드럽고 여유롭다.

비가 온다는 소식을 전하고 싶다.
예전부터 마음의 가뭄으로

사랑을 잃은 이들에게

그들과의 거리가
가까우면서도 멀고 멀다.

# 상생

각시원추리 핀 자리 옆에
지난해엔 보이지 않던
달개비꽃이 피었다

어느 새가 물어다 심었나
상생의 씨앗

청색 황색이 서로 어울려
아름다운 들꽃 누리이다

저 새, 이 세상을 끄덕이며
오래도록 날 수 있다면

내년쯤 저 건너편
달개비꽃만 보이던 자리에도
각시원추리 활짝 피리라

## 상생 · 2

달이 여치에게 내려와
노오란 이불을 덮어준다.

여치가 울음을 멈추고
따뜻하게 잠이 든다.

풀잎들도 그를 위해
편안하게 요를 펼친다.

하늘이 환히 웃으며
지켜보고 있다.

# 그대 아직 사랑할 수 있으리

그대 아는가
전남 장성군 북일면
축령산이 거느린 편백나무 숲을
그곳에는 며칠 남지 않은 삶을 살면서
하늘의 별을 바라보는 이들이 있다
마지막 희망의 텃밭을 가꾸며
못다 한 사랑을 나누는 가족들이 있다
그들은 아쉬움 속에
하루가 한 달 같기를 바라고
일 년처럼 지나가길 기도한다
그들이 서로 나누는 웃음에는
눈물이 섞여 있다
진한 사랑이 녹아 있다

너무 살기 힘들다고
마음의 여유가 없노라고
이젠 사랑을 할 수 없다는 그대여
오늘이라도 편백나무 숲을 찾아

그들의 간절한 희망을 생각하라
아낌없는 사랑을 기억하라
그러면 숲의 전언을
들을 수 있으리
그대의 가슴이 식지 않는 한
눈물이 마르지 않는 한
그대 아직 사랑할 수 있으리라는

# 제3부

# 성하盛夏

매미 소리 흐드러지게 가라앉은
시냇물에 발을 담근다.

들꽃을 머리에 꽂은 아이들이
더위 피할 곳을 묻는다.

사방 둘러보아도
그늘은 없다.

저만치 개미 떼 분주히
집을 옮겨 간다.

# 가을 가고 겨울 가면

소리 없이 가는 가을입니다
그 쓸쓸한 끝자락에 매달려 봅니다
까닭 모를 눈물이 흐릅니다
돌아보니 아무 자취 없는
지나온 삶의 아쉬움 때문이겠지요
어느 것 하나 잠시 머무르다
가지 않는 것이 없음에
애써 마음을 달래 봅니다
사람들은 가을이 깊어 갈수록
점점 옷깃을 세우고 외로움을 키웁니다
나의 외로움도 그 속에 놓여 있습니다
이제 가을을 놓아주어야 할 때인 것 같습니다
내가 맞이해야 할 겨울도
그리 길지는 않겠지요

# 대설

뜻밖에 펄펄 내리는
눈발을 보며
혹시나 오는가 기다려지는
이 험한 세상 밖의
흰 소식
포근한 소식

# 입추

늦여름 무더위 끝
요란한 매미의 울음소리가
코스모스 속으로 배어든다.

소리의 중량으로
꽃의 자세가 조금 수그러졌다.

어쩌려나, 저 꽃은
온몸에 물든 매미의 소리를.

소리는 거추장스러운 짐이 되어
머지않아 무심히 떨어질
꽃 속을 맴돌고 있다.

어느 구석에서 부는지
가을바람 한 자락
벌써 서늘하다.

# 노을

숨이 막 넘어가면서도
고운 매무새 흐트러지지 않고
미련 없이 누울 곳 찾아
이내 자취를 감추는
아름다운 임종臨終.

# 늦가을 강가에서

나뭇잎 떨어져
강물 위로 흐른다
마를 대로 마른 몸
바람에 날려 강에 누웠다
모두를 내맡긴 채 편안하다
저 나뭇잎 하염없이 흘러
어디로 가는 것일까
한평생 다한 삶이
저렇게 정갈할 수도 있는 것일까

나 다시 태어난다면
저 나뭇잎처럼 될까
태어나 두근거리며 새순으로
바깥세상 기다리다가
나이 들며 녹음으로 단풍으로
항시 아름다운 자태로
사람들의 사랑을 받다가
떠날 때는 저처럼 가볍게
강물에 몸을 실어 볼 수 있을까

## 가을 단상

늦가을 은행잎들이
소소히 땅에 발을 내린다.

황홀한 슬픔의
노오란 부음.

어디서 왔는지를 알기에
가는 발걸음
저리도 가벼운가.

은행잎 떠난 빈 자리에
어느새
나무 깊은 곳으로부터
수액이 오르고 있다.

사람들의 시선이
그곳에 머물지 않는다.

## 산촌 점묘

아무라도 들어오라는 듯
활짝 열린 사립문

섬돌 위에는
주인 잃은 신발 한 짝

모두 들일을 나갔는지
집 안에는 아무 기척이 없다.

텅 빈 공간을 채운
사람 내음새.

툇마루에 걸터앉아 쉬려니
해는 이미 중천을 넘고

어느덧 저녁 어스름이
한낮의 그림자를 줍고 있다.

# 투영

예순 넘긴

늘그막에 이르러서야

나의 그림자가 항상

나를 따라다닌다는 것을

알았다.

그림자 한층 길어지는

고적한 오후.

# 적선積善

가을이 깊게 내게 다다르면서
비로소 나는
그동안 무심히 지나치던
걸인을 보았다.
구걸하며 내미는
청동 빛 그의 손에서
삶의 내력을 보았다.
내가 미처 헤아리지 못했던
이 세상의 슬픔과 고통까지 보았다.

그가 나를
적선했다.

# 노을 부부

강화군 화도면 장화리
오늘은 꼭 노을을 보리라고
이곳에 와서
수평선이 가장 잘 보이는 언덕배기에
아내와 함께 서서
장려하게 지는 하루 해의 삶을
초조히 기다리는데
노을은 구름 속에서
모습을 나타내지 않고
내게 말을 한다
어느새 어둑해진 나이의 나와
그만큼 젊음이 기울어진 아내
남은 삶을 서로 기대어 갈 수 있다면
그대들이 바로 노을이라고

## 단풍의 말

내 마음을 붉게 물들이던
단풍이 떨어지고 있습니다
내일부터는 비가 내린다는 소식입니다
얼마 남지 않은 저 단풍들도
비가 오면 모두 떨어지고 없겠지요
내가 만난 단풍들은
어디로 갈 건가요
어디서 세상 왔던 자취를 없앨까요
이 세상을 떠날 때
사람들 마음속에
아름다움을 심고 떠나라는
단풍의 말을 떠올립니다.
그렇게만 된다면
정말 좋겠습니다.

# 겨울산

산이 몸을 비우고 있다
전신을 드러내고 있다

갈참나무, 산사나무, 물푸레나무
어느 나무 할 것 없이
거느렸던 식솔들을
떠나보냈다

저 가지마다 붙어 있던
무수한 나뭇잎들은
다 어디로 간 것일까

헐거워져 비로소
나무들끼리
서로의 안부를 확인하는
정겨움

나도 이제

또 하나의 나뭇가지 되어
빈 산을 지키고 싶다

## 구름이 있었는가

어디서 왔는지 모를
구름 한 점
떠 있는가 했더니
홀연 자취도 없구나

정녕 구름이 있었는가
오고 감을 모르니
있고 없음을 말할 수 없구나

천년의 바위
말없이 지켜보는 까닭을
이제야 알겠구나

# 제4부

# 울지 않는 도시

살려다 살 수 없어 죽고

죽기 위해 죽고

차디찬 아스팔트 위에

무수히 쌓이는 주검들

울음소리 들리지 않는다

곡비조차 없다

# 여린 잎들 있어

여린 잎들이기에
서로 부딪쳐도
상처가 나지 않습니다.

여린 잎들이기에
바람 아무리 사나워도
서로 포개져 잠을 잡니다.

멀고 높기만 한 하늘도
어미 품같이 보이는
여린 잎들의 세상입니다.

그들이 있기에
우리가 살고 있습니다.

# 워낭 소리

소와 더불어 평생을 살아온
봉화 마을 최 노인이
그의 외곬 사랑을
소에게 주었다.

사랑으로 몸이 하나가 되니
노인이 수레 위에서 자면
소가 알아서 데려다 주고,
소가 앓아누우면
노인이 아픈 곳을 먼저 안다.

우리가 헤아릴 길 없는
사랑의 워낭 소리가
청량산 한 자락을
휘감고 돈다.

# 근황

요즘은 가까운 곳에 있는 것들보다
먼 곳에 있는 것들이 잘 보인다.
어느새 가까이 있는 것들에
초점을 맞추지 못하는
노안이 되었다.
눈뿐만이 아니다.
나의 머리도 그와 같아
최근의 일은 잘 기억이 나지 않고
오래된 일은 새록새록 기억이 난다.
먼 곳만을 보라는 것
옛 추억이나 떠올리며 살라는 것
무슨 계시인지 알 것도 같다.

# 어느 노숙자에게

일어나세요
어느 선사禪師가
땅에서 쓰러진 자
땅을 딛고 일어서야 한다고 했듯이
당신이 일어설 자리는
당신이 쓰러진 이곳밖에 없습니다
보다 나은 내일을 기다리며
온갖 삶의 고통을 참아 온 당신에게
무심하게도 막막한 오늘만 있어 왔기에
당신이 오랫동안 붙잡아 온
감내의 끈을 이제 놓으려 하지만
우리 앞의 모든 것들은 지나갈 뿐입니다
그렇기에 당신을 눈물짓게 하는
시련이 거듭 닥치더라도
사막 한복판에서 신기루를 만난 듯
담담히 맞서 지나가게 해야 합니다
슬픔 속에 빠져서는
영원히 쓰러진 자가 됩니다

얼마든지 일어설 수 있는 당신
부디 기운을 내
일어나세요

# 강을 건너는 누 떼처럼

강을 건너야 사는 누들은
거센 물살과
악어의 습격을 예감하면서
죽음의 공포 속에서
강을 건너지.
희생양이 된 몇몇 누들
강물 붉게 물들이며 사라지고
나머지는
새로운 풀밭에 코를 박고
열심히 풀을 뜯지.
그런 거야, 우리의 삶
강을 건너는 누 떼 같아
낯익은 얼굴들 더러
세월의 강에 떠내려 보내고
살아남은 이들은
새로 건너야 할 또 다른 강이
언제 나타날지 모르는데
안도의 숨을 쉬며 먹을거리를 찾지.

# 회학리에 아우를 묻고

학이 모여들어 회학리일까
학은 보이지 않고
산 등지고 물 바라보는
이 마을 남향 한구석에
아우의 주검을 위해
나는 구덩이를 판다
쉰아홉의 삶을 추린
한 줌 재의 독방을 마련한다

여기 잘 있거라
외롭거든 물소리 듣고
바람 따라 골짜기 거닐기도 하면서
철 따라 피는 꽃들
친구 삼아도 좋겠지
우리의 삶이란
오면 가야 하고
가야 또 다른 삶이

시작되는 것 아니던가

눈물 뿌리며 너를 보내는
이곳 회학리에
아침부터 비는 내리고
아우를 덮을 황토는
끈질기게 내 발에 달라붙는데
어디서 날아왔을까
어치 한 마리
낮은 주목 위에서
몸을 적신 채
아우의 구덩이를 지켜보고 있다

# 새들의 전설

어느 때인가
느닷없는 총성이 울린 후에
새들의 둥지는
점점 우듬지 쪽으로 올라갔다.
아무도 넘보지 못하는
가장 높은 나뭇가지 사이에
새들은 더욱 견고하게
그들의 집을 지었다.
그리고 좀처럼 땅으로 내려오지 않았다.

사람들은 다만 높이 쳐다보며
짐짓 새들의 삶을 얘기했다.
더러는 외로울 거라 했고,
더러는 오붓할 것이라고 했다.
누구도 그들의 둥지 안을
들여다보지 못하면서
그 이후
새들의 전설이 생기기 시작했다.

# 왕산 대기리 할머니는

열여섯 꽃도곤 고운 나이에
사방 산이 가로막는 첩첩 산골로 시집와서
땅에 코 박듯 육십여 년을 쪼그리고 앉아
거친 밭일로 평생을 보낸
왕산 대기리 청송 심씨 할머니.
산비탈 가팔라 숨이 턱에 차면
막걸리 한 사발로 노을이 되고
깊이 고랑 진 얼굴 주름에 슬픔 고이면
아라리 한 곡조로 펴내면서
벌써 칠팔 년은 되었을까
먼저 세상 떠나보낸
지아비 없는 외로움을 잘도 이겨 낸
대관령 산자락 청송 심씨 할머니.
그래도 아들딸 반듯하게 키워 출가시키고
어쩌다 무너질 듯 낡은 집에
누구라도 찾아오면 없는 살림 뒤적거려
콩이며 감자며 옥수수를 챙겨 주는
저 청송 심씨 할머니의 텅 빈 넉넉함을

맑은 날 밤하늘에도 별이 내려오지 않는
대처大處에 사는 사람들이 알까 몰라.

# 원이 엄마의 미투리*

그 옛날 안동 땅 정상 마을에 살던
원이 엄마는
병든 남편 나으면 신으라고
삼 껍질에 자신의 머리카락을
함께 엮어
사랑의 미투리를 만들었다.

그러나 아낙의 지극한 사랑도
병을 이기지 못해
남편은 서른의 젊은 나이에
저 세상으로 가고
그날로 미투리는
남편 따라 땅에 묻혀
다하지 못한

---

* 이 미투리는 1998년 경북 안동시 정상동에 살던 조선시대 사람 이응태(1556~1586)의 무덤을 이장하던 중 부인의 애절한 편지와 함께 발견됐다.

뜨거운 사랑의 숨을
캄캄한 속에서 내쉬었다.

그로부터 사백여 년 후
무덤 쪼개져
하릴없이 햇빛 본 미투리는
숨은 사랑을 들킨 것이
부끄러웠기 때문일까
육날을 모두 붉게 물들이고

가슴에 애틋한 사랑 하나
품고 살지 못하는 우리들은
아직도 끊어지지 않은
미투리의 질긴 사랑의 흔적을
신기한 듯 보고 있었다.

# 원서헌 소풍 가서

늘그막에 어미 품 찾아들 듯
고향으로 귀거래한
원서헌 노주인 시인이
그가 어릴 적 가난으로 밥을 먹지 못해
밥 냄새의 그리움이 있었노라고,
그래서 그에 대한 시를 지었는데
아이가 배고픔 끝에 놓인 밥을
성급히 먹는 모습을
'허겁지겁' 으로 할까 '허둥지둥' 으로 할까
어느 것도 마음에 들지 않다가
'하동지동' 이란 말을 찾았노라고,
가장 제격인 말을 찾은 기쁨에
술 한 잔 가득 부어 단숨에 마셨노라고,
산골 맑은 숨을 내쉬며 얘기를 했다.
허둥지둥 도시에서 살다가
모처럼 이곳으로 소풍 나온
건달 엘리트* 무리들이

* 신경림 시인이 원서헌 '시의 축제' 강연에서 정의 내린 시인의 호칭.

폐교로 주인 잃은 초등학생용 책상에 앉아
아이처럼 천진한 표정으로 들었다.
사백 년 남짓한 마을지기 느티나무도
쫑긋 귀를 기울이고 있었다.

# 아름다운 동행

당신의 이름을 염치없게 불러봅니다
제임스 로버슨* 씨.
그토록 사랑하고 돌보아 온 아내에게
말기 암에 걸린 자신이 죽으면
중풍의 그녀를 돌볼 이가 없음을 알고
아내에게 사랑의 총을 쏠 수 있었던 팔순의 노인.
너무 총이 낡아 자신에게 겨눈 총알은 불발이 되어
아내와 함께 목숨을 끊지 못했을 때
얼마나 절망적이고 아내에게 죄스러웠을까요.
그러나 제임스 로버슨 씨
나는 압니다.
당신의 아내가 선혈을 흘리며 죽음을 맞이할 때
결코 당신을 원망하지 않았으리라는 것을.

---

* 2006년 4월 25일 미 텍사스 주 댈러스에서 폐암으로 죽음을 앞둔 83세 노인 제임스 로버슨이 15년 걸친 중풍으로 말조차 하지 못하는 동갑내기 아내 메리를 권총으로 쏴 숨지게 한 사건이 발생했다. 로버슨 씨는 자신에게도 권총을 쏴 동반 죽음을 택했으나 권총이 낡아 뜻을 이루지 못했고, 그로부터 23일 후 그는 사망했다.

어쩌면 고맙고, 당신이 살아서 더욱 다행이고,
먼저 천국에 가서 자리를 잡아
머지않아 당신이 오시면 편하게끔 하리라고
떠나는 길을 서둘렀으리라 생각됩니다.
내가 생면부지의 당신을 떠올리며
이렇게 자꾸 눈물을 흘리는 것은
당신의 무한한 사랑이 너무 깊고도 넓어
내가 흉내조차 내지 못함에 절망하는 까닭입니다.
이제 당신은 더 이상 암과 맞설 수 없어
비로소 아내의 곁으로 갈 수 있게 되었군요.
아마 당신의 아내는 천국의 문밖 멀리까지 마중 나와
미안함으로 머뭇거리는 당신을 어서 오라 손짓할
겁니다.
잘 가세요, 가서 영원토록
사랑하는 아내와 건강하고 행복하게 사세요
지상의 천사였던 제임스 로버슨 씨.

# 캐럴 없는 마을

첫눈이 하염없이 오고 있었다
마을이 서서히 눈에 잠기어 갔다
꿈속 같은 화이트 크리스마스
그러나 어느 집에서도
성탄의 캐럴은 들리지 않았다
아이들은 책상 앞에 반듯하게 앉아
숙제를 풀고 있었다
그들은 오래전부터
산타클로스를 기다리지 않았다
이 마을의 모든 굴뚝도
가시덩굴로 뒤덮여 있었다

좀처럼 눈은 그치지 않았다
폭설이었다
마을은 고립이 되어 갔고
이젠 사람의 기척조차 없었다
집과 집 사이
통로 없이 살던 사람들은

눈을 걷어 내지 않은 채
캐럴 대신 먹을거리를 걱정했다
문이 굳게 닫힌 집들의 외로움이
눈 속에 떨고 있었다

# 발다로*의 사랑

오천 년 전의 사랑이
바다 건너 산 넘어
찾아옵니다
발다로가 어디인지 몰라도
두 사람의 사랑이
얼마나 뜨거웠는지
전해 오는 열기로
알 것 같습니다
그 사랑의 열이 갖풀로 녹아
유골 되어도
떨어지지 않았던 게지요
죽음의 두려움조차
멀리 물리쳤던 게지요
서로의 가슴을 열지 못하는
차디찬 우리들의 사랑
지금 부끄러워
고개를 들지 못하고 있습니다

---

* 2007년 2월 5일 이탈리아 북부 만토바 근처 발다로 지역에서 5,000여 년 전 묻혔을 것으로 추정되는 남녀 유골이 발견되었다. 이 유골들은 서로 얼굴을 마주한 채 포옹한 모습이었다.

## 양수리에서
— 고故 김광해에게

강물도 서로 어울려 흐르니
물살이 저렇게 황홀히 빛나는구나
두물머리 부딪쳐 멈추기도 하련만
막힘없이 잘도 흐르는구나
이 험한 세상
그대 없는 그리움을
이 강물에 싣고서
나도 끝없이 흘러 볼까나
흐르고 흐르다가 지치면
아무 곳에라도 그리움 묻어 둘까나
강물은 서로 다른 곳에서 흘러와도
부둥켜 얼싸안고 더 큰 강물이 되는데
이 세상에 같이 살다가
먼저 보낸 그대여
이승도 저승도 아닌 곳에서
언제 우리도 강물 어울려 흐르듯
함께 흐를 날 있을 것인가

# 황변만년란*

나무는 죽어 가고
가지에는 새싹이 돋아난다.

수십 년을 살면서도
살아서 오직 한 번만
번식을 위해 꽃을 피우는
황변만년란.

죽음이 곧 삶이라는 듯
꽃은 아무 때나
피는 것이 아니라는 듯
깊은 의중意中을 펼쳐 놓는데

---

* 황변만년란은 번식을 위해 생애에 단 한 번 꽃을 피우며 생을 마감하고, 연초록의 꽃을 피운다. 이 난은 짧게는 수십 년에서 길게는 백 년까지 산다. 다른 식물과는 달리 땅에 떨어지기 전에 가지에 달린 열매에서 새싹을 틔우는 게 특징이다. 이런 특성 때문에 나무는 죽어 가고 있지만, 가지에서 새싹이 돋아나는 '죽음과 삶' 을 동시에 연출한다.

연초록 너의
엄숙한 연출 앞에서
의미 없는 개화만을 일삼은
나의 지나온 삶이 초라해진다.

## 저문 날 배를 기다리며

날 저무는 강가에 닿아
내가 타고 갈 배를 기다린다
지금은 배도 없고
사공도 없지만
사공이 배를 가지고 올 것이다
생각보다 오랜 시간이 지체되었다
어서 가라는 듯
갈대가 심하게 흔들린다
강을 건너면
누가 나를 마중 나올 것인가
전송하는 이 없듯
반겨 줄 이 없는 강안江岸에
나 홀로 내릴 것이다
사공은 나를 내려놓고
무심히 뱃머리를 돌릴 것이다
강안에서 바라보는 이곳에
나의 흔적이나 있으려나
나 떠나면 갈대는 흔들리지 않을 것이다

작품 해설

# 우정 · 사랑 · 평상심

전 영 태

(문학평론가 · 중앙대 교수)

박호영 시인의 두 번째 시집 『그대 아직 사랑할 수 있으리』를 읽으면서 '괄목상대刮目相對' 라는 고사성어가 내 머릿속에 줄곧 맴돌았다. 우선 수록 시들이 간결하면서도 깊이 있는 내용을 담고 있다는 점 때문에 눈을 크게 떴고, 첫 시집 『오두막집에 램프를 켜고』보다 더 높은 정신의 경지에 도달했다는 것 때문에 눈을 비볐고, 친구가 그렇게 큰 진경을 보는 사이에 나는 무엇을 했나, 라는 생각에 시편들을 놀라운 눈으로 다시 읽게 되었다. 선비가 삼 일 동안 떨어져 지내면 눈을 비비고 고쳐 대해야 한다는 '괄목상대' 를 박 시인은 이번 시집을 통해 실현한 셈이다. 부러울 따름이다.

박 시인과 나는 40여 년의 친구로서 우정을 쌓아 왔다. 그 짧지 않은 세월을 거치면서도 변하지 않는 그의 의젓한 성품에 나는 늘 감탄했다. 그의 인품을 인정하면서도 사소한 실수, 소소한 말 잘못, 가볍게 보이는 행동의 기미 등이 노출될 때면, 나는 그 점을 가차 없이 지적하고 질타해 마지않았다. 그렇게 공격하고 놀려 먹는 것이 우정의 발현이라고 착각한 듯하다. 심지어는 낚시터에서 있었던 그의 실수를 나의 책 『유혹과 몰입의 기술, 낚시』에서 상세하게 서술하여, 그를 별 볼 일 없는 조사, 탐욕의 낚시꾼으로 여겨지도록 했다. 말이 아니라 글로 사람을 공격하는 것은 매우 위험한 일이다. 지워지지 않을 나의 비난에 대한 그의 반응은 실로 관대한 것이었다. 그는 너털웃음 한 방으로 나의 심적 부담을 덜어주었다. 그는 상대의 지나친 농담도 적절한 농담으로 받아들일 줄 아는 사람이다.

살날이 얼마 남지 않은
간암 말기 한 여인이
그녀를 위해 음식을 차리는 남편에게
하늘 한 스푼 바람 두 스푼을
찌개 그릇에 넣으라고 한다
남편은 알았다고 고개를 끄덕이고
살짝 그릇 뚜껑을 열고
하늘도 넣고 바람도 넣는
시늉을 하며 그녀를 쳐다본다
둘은 서로 환한 웃음을 짓는다

저 웃음이면
정말 하늘과 바람이
두 사람의 식탁 위에 오를 것 같다
우리는 감히 어쩌지도 못하는
하늘과 바람을
그들은 마음대로 불러들이고 있다

—「행복」 전문

이 시에 따르면 농담을 농담으로 받아들이는 것이 곧 행복이다. 행복은 거창한 개념이 아니다. 간암 말기 한 여인이 생명이 위태로운 상황에서 마음의 여유를 뜻밖의 농담으로 표현한다. "하늘 한 스푼 바람 두 스푼을/ 찌개 그릇에 넣으라고 한다". 긴장과 이완의 대립과 교차 속에서 농담은 발생한다. 병든 그녀의 주문을 건강한 남편은 고개를 끄덕이며 농담으로 수용한다. 농담은 농담 수용자의 적극적 긍정에 의해서 웃음을 초래한다. 그 부부는 하늘과 바람까지 마음대로 불러들이는 초월의 경지에서 죽음을 넘어서고 있다. 농담은 잘 조련된 정서와 훈련된 교육을 통해 나타나는 절제된 넘침에 다름 아니다. 이 시의 남녀는 죽음을 앞에 둔 상황을 심각하게 느끼는 정서를 조절하고, 마음의 여유에서 나오는 행동으로 웃음을 유발한다. 그들은 '절제된 넘침'을 언어와 행동으로 표현할 수 있었다.

농담은 어떤 상황이나 이야기가 희극적으로 전개될 때 번쩍하고 뿜어 나오는 섬광이 아니다. 그것은 삶의 구석구석에서 어떤 구석을 은은하게 밝히는 촛불 같은 것이다. 특정한 삶의 장면에서 은밀한 빛을 발하며 삶의 가치를 잠시 동안 밝히고 확인하는 것이 농담이자 행복이다. 시인은 행복 또한 '절제된 넘침' 의 일종이라는 사실을 알려 준다. 행복은 농담처럼 오래 지속될 수 없고 삶의 한 시점을 일정 시간 화려하게 장식하고 곧 잊힌다. 농담을 잘 하고 잘 받아들이는 능력이 행복의 발견으로 이어지는 것은 당연하다.

친구 간의 우정에서는 그러한 능력이 필수적이다. 아리스토텔레스는『수사학』에서 우리가 친구로 삼고 싶은 사람들의 품성과 행동에서 농담의 조건을 우선적으로 꼽는다.

> 농담을 할 줄 알고, 농담을 받아들일 줄 아는 사람들, 이러한 사람들은 서로의 재치를 겨루며 절제된 농담을 주고받는다. 우리가 가진 장점들, 특히 우리 자신이 가지고 있지 못하다고 생각하는 장점들을 칭찬해 주는 사람들. 삶의 방식과 마찬가지로 겉으로 드러나는 옷차림도 단정한 사람들. 우리가 범한 과오나 우리가 받은 도움을 이유로 우리를 비난하려고 하지 않는 사람들.

이런 사람들 사이에서 우정이 형성된다. 나는 이 대목을 읽으면서 마음속으로 여러 번 뜨끔거림을 느꼈다. 절제된 농담이 아니라 도를 넘어선 나의 농담을 상기했기 때문이다. 또한 내가 범한 과오를 비난하려고 하지 않았던 친구의 태도를 나에게서 확인할 수 없었기 때문이다. 게다가 "삶의 방식과 마찬가지로 겉으로 드러나는 옷차림도 단정한 사람들" 이라는 문장에 이르러, 나와 달리 늘 단정한 옷차림의 박 교수를 지

목해서 서술하고 있다는 느낌을 받았다. 앞으로 이런 친구를 못살게 굴면 안 되겠네, 이런 생각을 하면서도 슬그머니 치밀어 오르는 부아를 다스려 본다.

박 시인의 시는 그의 단정한 옷차림만큼, 친구를 대하는 그의 태도처럼 단정하다.

비 그치니
인왕의 바위
그윽이 맑은 얼굴이다.

기와집 한 채 둘러싼
십여 그루 소나무들
모두 정정하다.

병든 벗이여, 건강하시게
저 나무들처럼.

염려하는 자의 애틋함이
안개로 퍼져 올라
골짜기에 가득 차 있다.

—「인왕제색도」 전문

이 시에는 "겸재 정선이 오랜 친구인 사천 이병연의 병이 쾌유되기를 빌며 그린 진경산수도"라는 주가 붙어 있다. 이 주의 내용은 시인이 잘못 알고 있는 것이다. 이 작품은 겸재가 76세 때(1751) 단금斷金의 벗으로 평생 그림자처럼 함께 지내던 사천이 81세로 세상을 떠나자 그를 기리면서 그린 작품이다. 고미술학자 최완수 선생은 "신미년 윤달 하순"이라는 겸재 자신이 밝힌 제작 시기가 친구를 잃은 슬픔 속에서 그렸다는 사실을 밝히는 근거라고 설명한다. 그 설명에 따르면 친구를 잃은 마음의 고통을 이기기 위해 자신의 모든 기량을 다해 걸작을 완성시킨 것이라 한다. 백악산 기슭 사천 집에 놀러 가면 늘 같이 올려다보던 인왕산을 그려 추억을 되살리려고 했다. 그 작품이 겸재의 최대 걸작 국보 216호 〈인왕제색도〉다.

사실이 그렇다면 이 시의 내용은 달려져야 할 것이다. 나는 이 점을 지적해 놓고 제 버릇 못 고쳤다는 당황스러움에 빠져든다. 하지만 짚어야 할 것은 짚고 넘어가야 한다. 자세히 따져 보면 사천 이병연은 윤5월 29일에 운명했고 그림의 제작 시기는 날짜를 밝히지 않은 윤달 하순이다. 그렇다면 이 그림을 사천의 생전에 혹은 사후에 그렸는지 불분명하다. 사천의 목숨이 경각에 달린 시점에서 그의 쾌유를 마지막으로 비는 심정에서 이 그림을 그렸다는 해석도 가능하다. 나는 시인의 해석을 따르겠다고 생각을 고친다. 아이고, 다행이다.

이런 장황한 작품 제작 배경과 작품에 대한 고미술학자들의 상세한 해설과 대조적으로 이 시는 매우 정돈된 형식을 갖추고 있다. 이 시의 인왕산은 단아한 용모의 산악으로 그려지고 있다. 적묵법, 농묵쇄찰법 등의 필묵법에 대한 일체의 언급 없이, "인왕의 바위/ 그윽이 맑은 얼굴이다"라고 간단하게 묘사한다. 소나무들에 대해서도 "모두 정정하다"라고 간략하게 묘출한다. 자세한 화면은 그림을 직접 보면서 확인하라는 시적 오만에 가까운 이런 묘사는 이미 묘사를 포기했다. 묘사에 관한 한 시는 그림의 적수가 되지 못하므로 이런 식의 서술로 대체했다. 시인이 주목하는 것은 묘사가 아니라 그림에 담긴 뜻, “병든 벗이여, 건강하시게/ 저 나무들처럼”이다. 이 화의畵意에 집중하면 “염려하는 자의 애틋함”을 비온 뒤 골짜기에 가득 찬 안개에서 읽을 수 있다. 친구들의 우정을 이렇게 단정·명료하게 형상화한 것이 이 시의 매력이다.

〈인왕제색도〉는 겸재가 평생 갈고닦은 기량을 총동원하여 혼신의 힘으로 그려 낸 걸작이다. 걸작 생산의 원동력이 “염려하는 자의 애틋함”이라는 우정에서 비롯되었다. 우정은 친구가 병들고 세상을 떠나는 불행한 일들을 겪으면서 더욱 소중한 그리움으로 남는다.

> 강물도 서로 어울려 흐르니
> 물살이 저렇게 황홀히 빛나는구나
> 두물머리 부딪쳐 멈추기도 하련만
> 막힘없이 잘도 흐르는구나
> 이 험한 세상
> 그대 없는 그리움을
> 이 강물에 싣고서
> 나도 끝없이 흘러 볼까나
>
> —「양수리에서」 부분

“고故 김광해에게”라는 부제가 붙은 이 시에서 시인은 내

친구이기도 했던 그에 대한 그리움에 흠뻑 젖는다. 우정은 그리움으로 떠올라 강물처럼 서로 어울려 흘러간다. 강물은 그리움을 싣고서 끝없이 흘러가다 결국 멈출 것이고, 또 하나의 그리움이 다른 흐름 속에 떠돌 것이다.

우정이란 험한 세상을 살면서 우리가 부득이 갖춰야 했던 경쟁심, 질시, 교만함 등을 깊숙이 감추거나 폐기시켜야 발현되는 긍정적 삶의 가치이다. 시인은 그 가치를 시를 통해 힘들게 찾아낸다.

> 오랫동안 외로웠구나
> 바람조차 머물지 않았던
> 너의 초막이
> 나의 가만한 기척으로
> 흔들리는 것을 보면
>
> 문도 없이 항상 열린
> 너의 집을
> 나는 왜 들르지 않았던 것일까
> 네가 지고 있는 삶의 등짐
> 그 무거움을
> 나는 왜 잠시라도
> 헤아리지 못한 것일까

—「가난한 친구를 찾아서」 부분

가난한 친구는 막힘없는 소통을 원했기에 문을 항상 열어놓는다. 그런 집을 왜 들리지 않았을까, 나는 자책한다. "네가 지고 있는 삶의 등짐"의 무거움을 왜 잠시라도 헤아리지 못했을까, 나는 후회한다. 이러한 자책과 후회는 아무나 할 수 있는 일은 아니니다. 연민의 마음을 소유하고 있는 사람만이 친구의 외로움을 이해하고 그의 무거운 마음의 짐을 헤아릴 수 있다. 연민은 상대를 측은하게 여기는 동정과 다르다. 연민은 고통을 당할 이유가 없는 사람이 고통을 당하는 것을 알게 되는 것에서 연유하는 고통이다.

그리고 그 고통이 남의 고통이 아니라 나와 가까운 사람이거나 나에게도 일어날 수 있는 고통이라는 사실을 확인할 때 연민의 정서가 발생한다. 연민은 괴로움으로 가득 찬 비극에서 미의식을 찾아낼 수 있는 동인이 된다. "네가 지고 있는 삶의 등짐"이 언젠가는 '내가 지게 될 삶의 등짐'이 될 수 있다는 공감의 의식이 연민이다. 인간과 사물에 대한 뿌리 깊은 공감의 연민이 인생과 자연을 아름답게 느끼게 한다. 이 시에서 연민은 친구의 가난한 삶을 돌아보면서 나의 삶에 대해 다시 성찰하게 한다.

아리스토텔레스는 앞의 책에서 우정을 느낄 수 있는 사람들은 "원한을 품지 않고, 불만을 키우지 않으며, 언제나 화해할 준비가 되어 있는 사람들"이라고 말한다. 이 시의 화자인 '나'도 친구와 화해할 준비가 언제나 되어 있는 사람이다. 가난한 친구와 나는 서로가 같은 방식과 정도의 호의를 갖고 있다는 것을 금방 깨닫고 화해할 필요도 없는 화해에 도달했을 것이다. 이 얼마나 아름다운 화해인가? 시인이 우정을 시의 주제로 삼은 까닭도 우정이 미의식을 소생시킨다는 사실을 인지했기 때문일 것이다.

우정에 대한 성찰은 지난 세월과 나이 듦에 대한 통찰로 자연스럽게 이어진다. 시인 자신이 문득 늙어 버렸다는 자각을 하고 사물에 대해 황혼기의 처연한 시각을 드러낸다.

예순 넘긴

늘그막에 이르러서야

나의 그림자가 항상

나를 따라다닌다는 것을

알았다.

그림자 한층 길어지는

고적한 오후.

—「투영」 전문

아무리 성질 안 내려고 해도 "예순 넘긴/ 늘그막"이라는 표현은 수긍할 수 없다. 예순을 넘기면 고령자에 속하기는 하나 '늘그막' 이라는 말이 어울리는 노인은 아니다. 노인복지법상 노인은 만 65세 이상의 고령자이다. 요즘 사회 통념상 늘그막은 80대에나 어울린다. 이 시의 "늘그막에 이르러서야"는 '오랜 세월이 흐른 뒤에서야' 라는 뜻으로 해석하고 싶다. 아직·창창한 나이에 늘그막 운운은 어울리지 않는다. 이것은 시인에 대한 질책이 아니라 나 자신이 그런 늘그막과 관련이 없다는 지적이다.

젊은이는 앞으로 달리기에 바빠서 그림자 따위를 의식하지 못한다. 나이가 들어야 자기 주변을 돌아보고 그림자가 따라다님을 확인하고, 그림자가 오후에는 더 길어진다는 예지를 터득한다. 이 예지를 나이 든 사람은 젊은이들에게 오히려 자랑해야 한다.

소리 없이 가는 가을입니다
그 쓸쓸한 끝자락에 매달려 봅니다
까닭 모를 눈물이 흐릅니다
돌아보니 아무 자취 없는
지나온 삶의 아쉬움 때문이겠지요
어느 것 하나 잠시 머무르다
가지 않는 것이 없음에
애써 마음을 달래 봅니다
사람들은 가을이 깊어 갈수록
점점 옷깃을 세우고 외로움을 키웁니다
나의 외로움도 그 속에 놓여 있습니다
이제 가을을 놓아주어야 할 때인 것 같습니다
내가 맞이해야 할 겨울도
그리 길지는 않겠지요

—「가을 가고 겨울 가면」 전문

이 시를 읽으면 박호영 시인이 늙지 않았다는 것 정도가 아니라 사춘기 소년 같은 심정의 소유자라는 것을 알 수 있다. 가을의 쓸쓸한 끝자락에 매달려 까닭 모를 눈물을 흘리는 것이 늙은이에게 가당한 일인가? 늙은이는 눈물이 메말라 슬플 때는 눈물이 나오지 않고 하품이나 할 때 까닭 모를, 쓸데없는 눈물을 흘리는 것이 보통이다. 사춘기 소년이 가을의 끝자락에 매달려 까닭 모른 눈물을 흘린다고 썼으면, 센티멘털리즘의 과잉이라고 비난했을 것이다. 나이 든 사람이 이렇게 썼으니까 나는 그것을 감상적感傷的 사치라고 규정하고 싶다. 이것은 분명 정서적 호사 취미에 해당된다. 나이 들었다고 다 뒤돌아보고 지난 삶에 아쉬움을 느끼는 것은 아니다. 또 모든 것이 잠시 머무르다 간다는 사실을 확신하지도 않는다. 감상적 사치에 젖을 수 있는 사람만이 그런 것을 인식하고 눈물에 젖는다. 이런 사람은 외로움이라는 정서적 호사 취미를 누리기도 한다.

사람들이 다른 사람들에게 외롭다고 호소하는 것은 다른 사람과 같이 있으면서 외로움에서 벗어나기 위해서이다. 외로움이란 원래 인간 자신의 일부라고 생각하는 사람은 외로움을 두려워하지 않고 외로움 속에서 살기를 오히려 원한다. 시인은 결코 외로움을 두려워하지 않는다.

이 시에서 "사람들은 가을이 깊어 갈수록/ 점점 옷깃을 세우고 외로움을 키웁니다"라는 구절은 시적 진실이 아니다. 사람들이 옷깃을 점점 세우는 까닭은 가을이 깊어 갈수록 추워지기 때문이지, 외로움을 키우기 위해서가 아니다.

사람들은 추워지면 '외롭다' 고 말한다. 이 경우 '외롭다'

의 이면에는 따뜻해지고 싶다, 뭔가 화끈한 일(사랑의 야합 따위)을 하고 싶다, 즐기고 싶다, 라는 욕망과 그 욕망이 이루어지기 어렵다는 판단에서 오는 낙담 같은 감정이 서려 있다. 그들은 진정 외로운 사람이 아니다. 외로움은 옷깃을 세운다고 키워지는 것도 아니다. 옷깃 안과 그의 몸에는 몇 만 마리의 세균과 알 수 없는 숫자의 미생물이 버글거리며 살고 있어서 그는 결코 외롭게 사는 사람이 아니다. 세운 옷깃으로 사람들은 세균과 미생물을 보호하고 있는 것이다. 외로움을 느낄 수 있는 사람은 "가을을 놓아주어야 할 때"를 판정할 수 있는 사람이고, 가을이 끝나지도 않았는데 "맞이해야 할 겨울"이 길지는 않을 것이라고 예측하는 사람, 즉 정서적 호사 취미를 향유할 수 있는 사람이다.

이 시의 '나'는 그런 차원에서 옷깃을 세운 사람들과 본질적으로 다르다. 서로 호환되는 감상적 사치와 정서적 호사를 아우를 수 있으려면 사춘기 소년 같은 마음의 상태를 의도적으로 조성해야 한다.

늙음에 대한 처연한 긍정은 낡아 빠진 시를 산출하게 한다. 사실이 그러할진대 황혼의 나이라는 점을 강조하는 「노을 부부」 같은 시는 검토의 여지가 많다. 노을 구경을 갔다가 노을은 보지 못하고 그들 자신이 노을이라는 것을 인지한다.

어느새 어둑해진 나이의 나와
그만큼 젊음이 기울어진 아내
남은 삶을 서로 기대어 갈 수 있다면

그대들이 바로 노을이라고

—「노을 부부」 전문

노을은 물론 아름답다. 서로 기대어 살아갈 수 있는 남은 삶도 소중하다. 그러나 어둑해진 나이의 나와 젊음이 기울어진 아내가 노을처럼 살아간다는 이런 시는 이 정도 쓰는 것으로 그쳐야 한다고 생각한다. 이런 시보다는 해돋이 구경 갔다가 해가 떠오르지 않아서 실망했는데, 아이가 모래밭에 원을 그려 떠오르는 해를 대신한다는「해맞이 풍경」이 훨씬 싱그럽다.

새해 해돋이 인파로
북적한 경포 바닷가
구름에 가려 해는 보이지 않고
사람들 실망하며
발길을 돌리는데
엄마 따라 나온 아이 하나
백사장에 주저앉아 막대기로
커다란 원을 그리며
웃고 있다

—「해맞이 풍경」 전문

박호영 교수는 강릉대학교 교수 시절 바닷가 아파트에 살면서 아침 때때로 낚시를 해서 잡은 물고기로 회를 쳐 먹는 즐거운 시간을 보냈다. 그는 낚시꾼이기에 해돋이는 아침에

습관적으로 보는 것이라서 해맞이에 큰 의미를 두지 않는다. 그런 그의 눈에 아이가 백사장에 그린 커다란 원의 해는 신선한 농담으로, 산뜻한 충격으로 느껴진다. 아이의 순진한 눈으로는 백사장에 그린 커다란 원이 해라고 여겨진다. 지구를 비추는 또 하나의 태양이 아이의 유추에 의해 새롭게 생성된 것이다. 아이는 거대한 천체를 만들어 냈다.

"미련 없이 누울 곳 찾아/ 이내 자취를 감추는/ 아름다운 임종臨終"(「노을」)보다 새로 탄생하는 해와 아이의 천진한 웃음이 시적 가능성을 더 깊이 포괄하고 있다. 나이를 초월하여 아이의 순진무구한 심상을 읽어 내는 것이 자신의 나이에 걸맞은 심상을 형상화하는 일보다 어렵다.

시인은 이런 사실을 환하게 알고 있다. 자신에게 충실하다 보니까 늙음을 잠시 살폈을 따름이다.

여린 잎들이기에
서로 부딪쳐도
상처가 나지 않습니다.

여린 잎들이기에
바람 아무리 사나워도
서로 포개져 잠을 잡니다.

—「여린 잎들 있어」 부분

조그마한 마찰과 갈등에도 쉽게 상처 받는 성숙한 잎과 달리 여린 잎은 부딪쳐도 상처가 나지 않는다. 풍파에 시달려서

잠도 이루지 못하는 세상의 어른들과 다르게, 서로 포개져 깊은 잠을 이룰 수 있는 것이 여린 잎이다. 눈엽嫩葉이 있기에 낙엽落葉이 있다. 이 시는 "그들이 있기에/ 우리가 살고 있습니다"로 끝맺는다. 사실 박 교수는 어린 학생 덕분에 선생 노릇 하면서 잘 살고 있지 않은가?

어린 것과 새로 난 것에 대한 관심은 사랑에 대한 상념으로 이어진다. 이 시집의 표제시인 「그대 아직 사랑할 수 있으리」를 읽기 전에 제목만 보면, 나이는 들었지만 아직도 육체적·정열적 사랑을 할 수 있으리라는 육욕의 시세계가 펼쳐질 것 같은 예감이 든다. 시인은 그 기대감을 여지없이 깨뜨린다.

"그대 아는가/ 전남 장성군 북일면/ 축령산이 거느린 편백나무 숲을"이라는 시의 서두는 색다른 데이트 코스를 제시하는 것 같아 호기심을 자아낸다. 독림가 임종국 선생이 평생에 걸쳐서 이룩한 장성 축령산 삼나무·편백나무 숲은 백만 본에 가까운 나무가 심어진 국내 최대의 조림지이다. 이런 인공적 절경의 숲과 산책길에서는 무엇인가 로맨틱한 일이 벌어질 것 같다. 시인은 그런 분위기를 일축하고, 며칠 남지 않은 삶을 살면서 "마지막 희망의 텃밭을 가꾸며/ 못 다한 사랑을 나누는 가족"들에 주목하라고 강조한다. "그들이 서로 나누는 웃음에는/ 눈물이 섞여 있다/ 진한 사랑이 녹아 있다"는 것이다. 편백나무 숲의 전언을 들으려면 "그들의 간절한 희망"과 "아낌없는 사랑을" 생각하고 기억하라는 것이다. 그렇게 하면 "눈물이 마르지 않는 한/ 그대 아직 사랑할 수 있으리라는" 숲이 전하는 말씀을 들을 수 있으리라 예상한다.

삼나무 · 편백나무 숲에 들어서면 회색 줄기의 편백과 붉은 줄기의 삼나무가 묘한 대조를 이룬다. 신선한 바람 속에 장쾌하게 뻗은 나무에서 나오는 상큼한 수향이 섞여 있어, 삶을 청신하게 살라는 메시지를 숲이 전하는 듯하다. 시인은 숲 자체가 전하는 말씀에는 반드시 그 숲을 터전으로 사는 사람들의 인간사에서 유래하는 감동이 섞여야 한다고 강조한다. 그리하여 육체적 사랑 따위는 젖혀 놓고 높은 경지의 정신적 사랑의 경지에 들어서 보라고 청유한다. 그 숲길을 걸으면서 동행자와 잡담이나 하고 나무에서 나오는 피톤치드를 더 받아 마시겠다고 심호흡이나 계속한 나로서는 그 아득한 정신의 경지를 이해할 수 없다. 이 쉽게 요해할 수 없는 사랑의 경지가 시인이 새롭게 터득한 삶의 이치와 연결되어 있다.

그대와 나의 사랑을 위해선
저 화원에 활짝 핀
장미꽃이면 되리
화려한 열정으로 숨 쉬는
장미꽃 한 송이면 되리

그대와 나의 사랑을 위해선
장미꽃 한 송이조차
아니어도 좋으리
들녘에 이슬 머금고 있는
한 이파리 풀이면 되리

이 세상 어느 것들이

우리의 사랑을 대신할 수 있으리
아무리 값진 보석도
잠시 눈을 현혹할 뿐
영원할 수 없느니

그대와 나의 사랑을 위해선
아무것도 없어도 되리
오직 우리의 가슴을 오가는
맑은 웃음이면 되리
순수한 눈물이면 되리

—「사랑이라는 것」 전문

「사랑이라는 것」 역시 「그대 아직 사랑할 수 있으리」와 마찬가지로 시의 정열적 · 맹목적 사랑을 암시하는 연으로 시작한다. "그대와 나의 사랑을 위해선" "장미꽃 한 송이면 되리"라는 시구에서 뜨겁게 타오르는 연가戀歌가 전개되겠다는 예상을, 이번에도 어김없이 빗나가게 만든다. 장미꽃 한 송이를 "들녘에 이슬 머금고 있을/ 한 이파리 풀이면 되리"로 점강시키고 마지막 연에 이르러서는 "아무것도 없어도 되리"로 무화시킨다. 그대와 나의 사랑을 위해서는 장미꽃과 풀도 없어도 되고 아무것도 없어도 된다는 이야기다. 아무것도 없어도 되지만 그래도 허전하니까 '맑은 웃음'과 '순수한 눈물'이면 된다는 것이다.

정서적 교감만 나눌 수 있다면 사랑에는 그 어떤 물질적 표상도 필요 없다는 추상적 정신의 사랑을 강조한다. 이 사랑은 세속의 사랑이 아니라 이데아적 · 형이상학적 사랑이다. 불교의 '무無' 사상과 연관되는 이 아득한 사랑의 경지는 범인이 꿈꾸는 사랑이 아니다. 시인은 예상과 기대를 저 버리는 시상 전개로 사랑의 공식을 깨 버리고 높은 차원의 사랑의 형상을 제시하여 참신한 감흥을 환기한다. 맹목적 사랑에 대한 열망을 버리지 못한 사람은 눈을 크게 뜨고 다시 음미해야 할 새로운 사랑의 노래이다. 나 역시 박 시인이 언제부터 사랑에 대한 관념을 고상하게 고쳐 생각한 것일까 눈 비비고 이 시를 다시 읽었다. 모를 일이다.

가을이 깊게 내게 다다르면서
비로소 나는
그동안 무심히 지나치던
걸인을 보았다.
구걸하며 내미는
청동 빛 그의 손에서
삶의 내력을 보았다.
내가 미처 헤아리지 못했던
이 세상의 슬픔과 고통까지 보았다.

그가 나를
적선했다.

—「적선積善」 전문

인도의 거지들은 적선과 보시를 하는 사람들에게 자기들이 은혜를 베푼다고 생각한다. 내가 가난하기 때문에 그대는 나

대신 부자가 되었고 내가 병들었음에 나 대신 건강하게 사니 두고두고 내 은혜를 잊지 말라는 것이다. 인도의 거지는 그래서 당당하게 구걸하고 당연하게 적선을 받아들인다. 이 시의 걸인은 당당하지도 않고 당연하게 적선을 받지도 않는데, 그 걸인은 결국 나를 적선했다. 무심한 지나침에서 적극적 관심으로 전환하여 걸인을 살펴봄으로써 나는 거지에게 적선을 받은 것이다. 관심은 걸인의 삶의 내력과 이 세상의 슬픔과 고통까지 보게 만들었다. 인간과 세계에 대한 깊이 있는 통찰의 시각을 걸인을 통해 확보할 수 있었기에 걸인은 나에게 은혜와 적선을 베푼 셈이다. 사랑의 아득한 경지를 노래할 수 있는 것도 무심히 지나치며 본 걸인을 깊은 관심으로 관찰하고 이것을 생각의 줄기로 정리하는 과정에서 연원한다는 것을 알 수 있다. 사소한 일상사에서 깨달음의 단서를 찾아내고 더 큰 깨달음으로 가는 길목에 평상심平常心이 자리 잡고 있다.

봄이 와도
오는 듯 가는 봄인데
꾀꼬리면 어떻고
종달새면 어떠한지요
매화 좋으면
복사꽃도 좋은 것 아닌가요
만행 중에 만난 봄길
그저 무심히 다닐 뿐
차별 두지 말라는

법전 스님의 말씀이
이 화사한 봄날에
바람 따라 귓가에 들립니다

—「봄이 오는 듯 가고」 전문

이 시에 인용된 법전 스님의 '차별 없는 마음' 은 평상심에서 나온 말씀이다. 평상심에서 평平은 계급의 고하高下, 물아物我의 차별이 없어진 것이고, 상常은 고금古今 속의 거리와 유무有無의 변환이 없어진 것이다. 평상심을 가지면 꾀꼬리, 종달새 소리가 어느 쪽이 아름다운지 따질 필요가 없고 매화 좋으면 복사꽃도 좋다는 차별 없는 인식에 도달한다.

조주 스님이 남전 스님에게 도가 무엇이냐고 여쭙자 "평상심이 곧 도이다"라는 답변이 나왔다. 평상심이 선불교의 요체라는 사실을 부연할 지식이 나에게 없는 관계로, 평상심은 깨어 있는, 차별 없는 마음이라는 말만 덧붙이겠다.

시인은 첫 시집 『오두막집에 램프를 켜고』 이래 불교의 선지식에 더 많이 기울어져 평상심이 곧 선심이고 시심이라는 사실을 잘 알고 있을 터이다. 그래서 걸인이 나에게 적선했다는 시도 쓸 수 있었을 것이다. 이쯤 되면 그동안 읽은 불교철학의 진리의 말씀과 마음 수련의 진경을 바탕으로, 현학적이거나 도통한 체하는 시를 쓸 수 있을 터인데, 그런 시를 이 시집 어디에서도 찾아볼 수 없다는 점에 주목할 필요가 있다. 그 사실이 시인이 평상심으로 이 시들을 썼다는 확연한 증거이다. 선의 지고한 깨달음의 경지는 원래 불립문자不立文字라서 시 한 편으로 전달할 수 없다. 시인은 그 점을 숙지하여 생활 속에서 평상심의 증거를 소박하게 제시한다. 자기 주제를 잘 알고 격에 맞게 쓴 깨어 있는 마음의 시를 나는 진정 사랑한다.

우리가 꽃을 사랑하는 것은
꽃의 아름다움을
가슴속에 들여놓기 위함이다
짧은 삶일지라도
아름답게 피고 지는
꽃의 적멸을 따라가기 위함이다

—「꽃과 별의 마을」 부분

이 얼마나 단순 · 질박한 꽃 사랑의 마음인가? 현란한 수사는 평상심을 저해한다. 가슴속에 꽃의 아름다움을 들여놓기 위해서, 꽃의 적멸을 따라가기 위해서 꽃을 사랑한다는 그 이유가 마음에 와 닿는다. 쏘가리나 참돔 같은 물고기나 사랑하는 나로서는 꽃을 사랑하는 까닭을 이제야 어설피 알게 되었다.

미황사 뒤란의 동백이 피었는지
오래전 남녘으로 간 친구가
도시의 무지렁이 내게
오라는 소식을 전해 왔다.
며칠 후 여장을 차리고
길을 나서는데
동백이 졌노라는
또 다른 소식이 닿는다.

—「무상無常」 전문

궤변과 췌언이 난무하는 난해시를 읽다가 이런 직절·명료한 평상심의 시를 읽으면, 한 소식 얻은 스님의 마음처럼 후련·통쾌하다. 꽃 보러 갔다가 꽃이 피지 않아서 꽃구경을 못했다는 것이 아니라, 꽃 피었다는 소식 듣고 여장을 차리는데 꽃이 졌다는 소식이 들렸다는 것에서 더 큰 무상을 느낄 수 있다. 꽃구경에 관한 아무런 행동도 하지 않았기에 없음이 늘 거기에 있는 무상에 더 가까이 갈 수 있다. 미황사 동백은 풍문 속에서 피고 또 졌다. 그것이 곧 무상이다.

이제 동백도 졌으니 저 머나먼 해남 땅 미황사에 갈 생각 버리고, 여보시게 박 시인, 인사동 주막에서 술이나 한잔하세. 시집 발간을 축하하고, 친구에 대한 질책을 자제하고 점잖은 글을 쓰느라고 애태운 나를 위해 건배하세. 무상이 무어 별것인가? 취해서 떠드는 언사가 모두 무상의 말씀이지, 안 그런가? 안 그렇다면 자, 다시 또 한잔!